Gesetz der Anziehung

Manifestieren und Visualisieren lernen: Durch Kraft der Gedanken und Affirmation ein positives Denken, erfülltes Leben entwickeln - inkl. 10 Praxisübungen für noch mehr Glück

W0333124

Die Kraft der Gedanken

Was beinhaltet das Gesetz der Anziehung – jeder Leser stellt sich etwas anderes darunter vor. Der Ausgangspunkt dieses Gesetzes ist einfach dargestellt: Gleiches zieht Gleiches an, mit anderen Worten positive Gedanken und Einstellungen ziehen demzufolge Positives an, umgekehrt geschieht es mit negativen Gedanken. Dieses Prinzip gilt für sämtliche Lebensbereiche, ob es sich nun um die Liebe, Beruf, Partnerschaft oder einfach nur den Erfolg handelt. Passende Schwingungen werden zueinander geführt, während sich nicht passende Schwingungen abstoßen. Das Gesetz der Anziehung ist das mächtigste, wirkungsvollste und wichtigste Gesetz im Universum. In Ihrem Leben gibt es keine Situation und kein Ereignis, welches nicht zuerst ein Gedanke war.

Was Sie denken, ist ausschlaggebend

Jeder Mensch weiß, dass es schwer ist, stets positiv zu denken und darüber hinaus das Unterbewusstsein entsprechend zu beeinflussen. Wenn Sie beispielsweise jemanden absolut nicht sympathisch finden, fällt es schwer, etwas Positives an diesem Menschen zu finden. Versuchen Sie es, Sie werden feststellen, dass negative Gedanken nicht nur den Hass schüren, sondern auch Stress und Ärger verursachen, positive Gedanken hingegen nicht. Der erste Schritt, das Gesetz der Anziehung zu Ihren Gunsten zu lenken, ist gar nicht so einfach. Die Problematik besteht darin, dass Ihr Unterbewusstsein zwar teilweise abhängig von Ihren Gedanken ist, jedoch in der Regel automatisch funktioniert. Das Gesetz der Anziehung konzentriert sich stark auf Ihr Unterbewusstsein, anders ausgedrückt, wenn Sie negativ über den Ihnen verhassten Menschen denken, übernimmt Ihr Unterbewusstsein die negative Richtung. Wir kommen darauf zurück, Negatives zieht Negatives an. Finden Sie heraus, was an diesem Menschen positiv ist. Wie oft denken wir, „ich mag denjenigen nicht, aber dass er hilfsbereit und verlässlich ist, kann nicht abgestritten werden.“ Sie haben nun einen Anhaltspunkt, konzentrieren Sie sich auf die positiven Seiten, denken Sie stets bejahend, denn die Kraft der Gedanken beeinflusst das Unterbewusstsein, welches die direkte Verbindung zum Gesetz der Anziehung ist. Sie können Ihre Gedanken richtunggebend leiten, aber das Unterbewusstsein können Sie nicht lenken und auch nicht belügen. Das Unterbewusstsein ist zwar ein Teil von uns, funktioniert jedoch eigenständig.

Gedanken sind häufig selbstständig

Haben Sie schon den Ausspruch gehört, „das darf man gar nicht denken", der Mensch verbietet sich selbst, das offensichtlich Negative überhaupt zu denken. Die Gedanken sind stets da, unser Gehirn ist ständig aktiv, auch im Schlaf. Wir haben jedoch die Macht, unsere Gedanken in ein Gedankenmuster einzuordnen. Die negative Sparte gibt es einfach nicht in diesem Muster. Die Gedanken sind sozusagen die erste Anlaufstelle, die jede Aktivität beeinflusst. Das Lied kennen Sie vielleicht auch „die Gedanken sind frei, kein Mensch kann sie erraten", nur das Unterbewusstsein kennt Ihr Gedankengut. Um das Gesetz der Anziehung bejahend zu beeinflussen, müssen Sie die Anlaufstelle positiv lenken. Das dürfte in der Praxis nicht schwer sein, finden Sie über den erwähnten unsympathischen Menschen Gutes, suchen Sie etwas, was für ihn spricht. Sollte das nicht möglich sein, dann verbannen Sie diesen Menschen aus Ihrer Gedankenwelt und denken gar nicht über ihn nach, ignorieren Sie ihn. Stress, Ärger und Zorn sind negativ und äußerst schlechte Anlaufstellen. Sie ahnen, welche enorme Kraft in Ihrer Gedankenwelt steckt, diese Kraft ist ständig präsent, ob Sie nun Schlechtes oder Gutes denken.

Dankbarkeit zeigen, ist immens wichtig

Das vergessen die Leute gern, Dankbarkeit zu zeigen, auch dann, wenn gerade alles gutgeht. Erfahrungsgemäß kann sich die Lebenssituation blitzschnell ändern, sodass es angemessen ist, sich über die derzeitige Lebenslage Gedanken zu machen und Dankbarkeit zu empfinden. Optimisten sagen meist, gut, dass es nicht schlimmer kam. So zu denken, ist optimal. Klar, das Auto ist defekt, die Waschmaschine macht sich selbstständig und verliert Wasser, aber es gibt weit Schlimmeres, da können Sie gewiss sein. Nichts ist selbstverständlich, auch wenn wir uns das gern einreden.

Macht der Gedanken

Ihre Gedanken sind abhängig von Ihren Gefühlen, Ihre Emotionen bestimmen Ihre Gedankenwelt. Ihre Begeisterung für irgendwelche Dinge oder Situationen hat häufig Erfolge angezogen, während Ihre Zufriedenheit für Ihren inneren Frieden sorgt. Positive Gedanken sind frei von Unsicherheit, Zorn, Zweifeln und irgendwelchen Ängsten, um auf das Gesetz der Anziehung auch tatsächlich positiv einzuwirken.

Was machen Sie falsch?

Einige Ratschläge sind behilflich, „richtig“ zu denken. Trotz aller Bemühungen geschieht nichts. Denken Sie niemals, was Sie nicht möchten. Die Formulierung der Gedanken ist signifikant:

Sie denken, hoffentlich bin ich am Sonntag nicht krank, um an der Festivität teilnehmen zu können, richtig ist der Gedanke: Hoffentlich bin ich am Sonntag gesund.
Die Gedanken müssen konkret sein, es geht beispielsweise nicht um einen Kuchen, sondern um den Obstkuchen mit Sahne.
Immer das Ergebnis bedenken, nicht wie die Führerscheinprüfung verläuft, ob schwierig oder nicht, sondern das Ergebnis steht im Fokus: Hoffentlich bestehe ich die Prüfung.
Ungeduld ist sinnlos, Sie denken irgendwann an ein Eigenheim, wollen aber vorerst ins Ausland. Dann ist der Wunsch nach einem Eigenheim nicht relevant und muss nicht formuliert werden bzw. in Ihrer Gedankenwelt auftauchen.
Wenn Sie von Vornherein der Meinung sind, dass sich Ihr Wunsch nicht erfüllt,

legen Sie diesen Wunsch nicht gleich ad acta, sondern konzentrieren Sie sich auf die schrittweise Erfüllung. Sie möchten Karriere machen und irgendwann als Geschäftsführer tätig sein. Dann richten Sie Ihren Wunsch vorerst darauf, Teamleiter zu werden. Wenn Sie Teamleiter sind, konzentrieren Sie sich auf die nächste Stufe. Sie können nicht unverzüglich als Geschäftsführer Ihre Vorstellungen realisieren. Das Gesetz der Anziehung bezieht sich in manchen Fällen auch auf Logik. Wenn Sie kein Medizinstudium absolvieren, werden Sie wohl kaum jemals als Arzt auftreten können, auch dann nicht, wenn Sie sich dieses von ganzem Herzen wünschen.

Der größte Feind für Sie, das heißt für die Inkraftsetzung des Gesetzes der Anziehung, sind negative Gedanken. Solche Gedanken dürfen auch nicht nur entfernt in Ihrem Gedankenkreis erscheinen. Negative Gedanken zerstören die Harmonie, häufig die Leistungsfähigkeit und die Kraft. Positive Gedanken sorgen für Fröhlichkeit, Mut und Freude, sie wirken beruhigend auf den Menschen. Der Gedanke ist wie ein Bumerang, wenn Sie jemanden mit Hassgedanken begegnen, unfreundlich zu ihm sind und Ihre Gefühle zeigen,

wird er ebenso an Sie mit Hass denken. Wenn Sie freundlich und höflich sind, wird sich derjenige wundern und vielleicht sogar angenehm überrascht sein, die
negative Atmosphäre wandelt sich in eine positive. Bewusst denken, hört sich vielleicht etwas übertrieben an, aber es trifft punktgenau das Problem. Die Gedanken nicht wie einen Vogelschwarm einfach loslassen, sondern in die positive Richtung zu manövrieren, sollte ständig im Vordergrund stehen. Das Denkmuster ist ebenso wichtig, denn das Wort „nicht oder kein“ aktiviert gerade das Gegenteil, bezogen auf das Gesetz der Anziehung. Beziehen Sie optimistische Gedanken in Ihren Alltag, gestalten Sie Ihr positives Denkmuster. Negative Gedanken sind tabu in Ihrer Lebenseinstellung.

Was bedeutet Affirmation

Affirmation ist so zu verstehen, dass eine Handlung oder Situation bejahend und positiv beurteilt wird. Die Affirmation ist einfach dargestellt ein positiver lebensbejahender Satz, ein sogenannter Befehlssatz, den wir uns täglich etliche Male wiederholt aufsagen, um unsere Gedanken komplett auf das Positive auszurichten. Beherrschen Sie anfangs Ihre Gedanken durch Affirmationen, Ihr Verhalten und Ihre Gefühle ändern sich automatisch. Sie sind in der Lage, Ihr Unterbewusstsein in eine bestimmte Richtung zu lenken. Die Affirmation sollte auf ein Ziel fokussiert sein, beispielsweise „ich gewöhne mir das Rauchen ab." Dieser Satz wird so lange gedacht und gesprochen, bis das Unterbewusstsein diesen Satz automatisch speichert. Sie wiederholen diesen Satz bei jeder sich bietenden Gelegenheit und Ihr Verhalten ändert sich entsprechend. Negative Sätze sollten Sie nicht denken, beispielsweise „ich kann mir das Rauch eh nicht abgewöhnen, dann beschäftige ich mich gar nicht erst damit." Das sind falsche und ablehnende Gedanken, die keinen Platz in Ihrer Gedankenwelt einnehmen dürfen. Das Gesetz der Anziehung ist nicht vereinbar mit negativem Gedankengut. Zu den bejahenden Sätzen kommen die Erwartungshaltung und die Vorfreude hinzu, denn Sie sind ja überzeugt, dass Sie Ihr Vorhaben verwirklichen, in diesem Falle das Rauchen aufzugeben.

Wie wirkt Affirmation

Es kann nicht allgemein beantwortet werden, wie weit eine Affirmation das Denken, das Unterbewusstsein und das Verhalten eines Menschen beeinflussen kann. Jeder Mensch ist unterschiedlich und somit auch die Wirkung seiner Gedanken auf das Unterbewusstsein. Allgemein ist zu sagen, dass ein bestimmtes Ziel für den Betreffenden sehr wichtig ist; dieses Ziel wird nun mit Affirmation angesteuert und im Laufe der Zeit erreicht. Grundsätzlich erreichen Sie durch Affirmation mehr Glück und Zufriedenheit. Sie können in jedem Bereich Ihre Affirmationen verwirklichen, Sie müssen diese nur ständig wiederholen und sich darauf konzentrieren. Das Unterbewusstsein verarbeitet die Affirmationen zu gegebener Zeit. Die Affirmation ist eine praktizierende Form der Selbstversicherung und

Selbstbeteuerung, während die Negation genau das Gegenteil darstellt. Es ist allerdings darauf zu achten, dass Ihre Affirmationen glaubwürdig erscheinen. Wenn Sie unsicher sind und sich stets wiederholen, dass Sie nur so trotzen vor Selbstsicherheit, entspricht das nicht so ganz der Wahrheit. Richtiger wäre es, zu sagen, Sie werden täglich etwas selbstbewusster, Sie arbeiten daran und haben sich Ihr Ziel gesetzt. Weichen Sie auf „neutrale“ Affirmationen aus. Statt sich einzureden, dass Sie buchstäblich alles schaffen, ist es sinnvoller, zu formulieren: Täglich glaube ich etwas mehr an mich und meinen Fähigkeiten. Reden Sie sich keine Affirmationen ein, die weit entfernt sind vom aktuellen Selbstbild.

Affirmationen in Worte fassen

Einige Beispielsätze veranschaulichen die Macht und den Sinn der Affirmationen:
Sie akzeptieren sich selbst so, wie Sie sind.
Sie glauben ohne Vorbehalt fest an Ihre Ziele, die Sie sich selbst gesteckt haben.
Sie sind selbstverständlich fest davon überzeugt, diese Ziele zu erreichen.

Sie geben jeden Tag Ihr Bestes im Beruf und in der Familie.
Sie sind ganz allein für Ihr Leben, Ihre Handlungen und Taten verantwortlich.
Sie sind dankbar für alles, was Sie besitzen und was Sie präsentieren.
Sie sind der Überzeugung, dass letztendlich alles gut wird.
Haben Sie in Ihrer Kindheit, in Ihrer Vergangenheit solche und ähnliche Sätze allzu oft gehört?
Du bist zu langsam und phlegmatisch,
Du kannst ja nicht mal logisch denken,
Du wirst es jetzt nicht und auch später nie zu etwas bringen.
Du bist ein Loser und komplett unstrukturiert,
Du bist sowas von unsportlich und wirst auch nie eine Sportskanone.
Haben Sie solche und ähnliche Sätze in Ihrem Leben gehört von wohlmeinenden Verwandten, Lehrern, Geschwistern oder auch bisweilen von den Eltern?
Vergessen Sie schleunigst diese Sätze und konzentrieren Sie sich auf Affirmationen. Sie glauben nämlich an diese negativen Sätze, Sie haben diese Feststellungen ja oft genug gehört, gerade das soll vermieden werden. Das geringe Selbstvertrauen hat den Misserfolg vorprogrammiert. Nun ist es dringend notwendig, dass Sie Ihre

Gedanken konsequent positiv beeinflussen. Sie sind nicht langsam und arbeiten nicht langsam, sondern sorgfältig und vermeiden daher Fehler. Selbstverständlich sind Sie in der Lage, logisch zu denken, Sie handeln außerdem logisch, posaunen Ihre Kenntnisse allerdings nicht laut heraus. Für Fremde sind sie vielleicht unstrukturiert, Sie selbst wissen jedoch, was wann und wo zu tun ist, und nur das ist wichtig. Sind Sie unsportlich? Sie zwingen sich Sport zu treiben, nur damit die anderen Leute sehen, dass Sie doch sportlich sind, obwohl Sie so gar keine Lust dazu haben? Warum? Treiben Sie Sport aber für sich, joggen Sie, schwimmen Sie oder gehen Sie einfach spazieren, Kommentare von anderen zu Ihren sportlichen Fähigkeiten sind nicht unbedingt richtungweisend, für Sie nicht und für andere wohl auch nicht.

Erforschen Sie Ihre fest verankerten Glaubenssätze

Woher kommt der Glaubenssatz, was ist die Ursache? Warum halten Sie an diesem Glaubenssatz fest. Ist es sinnvoll, diesen Glaubenssatz aufzugeben. Wenn Sie den Glaubenssatz „durchleuchten“, stellen

Sie fest, dass die Glaubwürdigkeit und der Nutzen dieses Glaubenssatzes gleich null sind. Finden Sie die negativen Aspekte Ihres Glaubenssatzes, danach vergessen Sie diesen Satz und konzentrieren sich lieber auf vernünftige Affirmationen.

Wie formulieren Sie Ihre persönlichen Affirmationen

Niemand soll sich selbst etwas einreden oder völlig unrealistische Affirmationen wiederholen. Wer stark an Übergewicht leidet und stets den Satz wiederholt: „Ich bin schlank und sportlich“, was nun offensichtlich nicht der Fall ist, wird keinen Erfolg haben. Sie können sich nicht „schlank“ reden, aber Sie können entsprechende Maßnahmen einleiten, sich gesund ernähren, auf Süßigkeiten verzichten und lieber eine Affirmation folgenden Inhalts anwenden: „Täglich werde ich ein bisschen schlanker und sportlicher“, selbstverständlich reden Sie nicht nur, sondern handeln auch danach. Wenn das der Fall ist, denken Sie bejahend und positiv, Sie sehen die Logik und sind dem Erfolg näher, statt dass Sie unmögliche Affirmationen nutzen. Sie sind zuversichtlich, sehen der Zukunft zuversichtlich entgegen und werfen den überflüssigen Ballast, wie negative Sätze aus Ihrer Kindheit oder Jugendzeit einfach fort. Nur mit dieser Methode sind Affirmationen erfolgreich und unterliegen dem Gesetz der Anziehung. Allgemeine Sätze wie „ich möchte selbstbewusster werden" bringen nicht viel, Sie formulieren konkret Ihren Willen, indem Sie Ihre Affirmation wiederholen mit dem Satz „ich sage jetzt endlich meine Meinung klar und offen. Ich setze mich durch". Allgemeine Sätze und Phrasen bringen meist nicht den erwünschten Erfolg, sondern die Sätze verlieren sich in Ihrer Gedankenwelt, immerhin denken Sie ständig und merken meist gar nicht, dass Sie denken, während Ihr Unterbewusstsein alles aufnimmt und sogar im Schlaf aktiv und mitunter sogar lästig ist.

Wie erreichen Sie Glück und Erfolg

Um Erfolg zu haben, insbesondere im Berufsleben, ist es für Sie wichtig, über mehr Selbstbewusstsein zu verfügen. Wer nicht selbstbewusst ist, vertraut auch seinen Fähigkeiten nicht, sodass der Gedanke „ich schaffe es eh nicht, ich mache Fehler" den Menschen vollkommen beherrscht, es gibt keinen

Platz für Motivation und positives Gedankengut. Diese kritischen Situationen können Sie mit Ihren individuellen und wirksamen Affirmationen bezwingen. Wie bereits erwähnt, müssen die zu wiederholenden Sätze richtig formuliert sein. In jeder Lebenslage gehen Sie Schritt für Schritt, nicht denken, dass Sie es unbedingt in Kürze schaffen müssen, die Tätigkeiten des Abteilungschefs zu bewältigen, sondern sich langsam vortasten. Der Weg, um beim Beispiel Abteilungsleiter zu bleiben, ist lang und wird Schritt für Schritt begangen, niemand fliegt gleich bis ans Ziel. Machen Sie sich mit den Aufgaben des Abteilungsleiters vertraut, lernen Sie die Arbeitsabläufe, die Ihnen fremd erscheinen. Der Methode ist grundsätzlich gleich, nur die Art und Weise ist unterschiedlich und abhängig von der Branche. Der Oberarzt, der den Ehrgeiz zum Chefarzt hat, bewältigt andere Aufgaben als der Tischlergeselle, der den Meistertitel erlangen will.

Die Macht der Affirmation

Wissenschaftler kamen zu der Erkenntnis, dass sich jeder Mensch an die 50.000 Gedanken täglich macht, allerdings handelt es sich um unbewusste Gedanken, ob diese nun negativ oder positiv sind, liegt einzig und allein an dem Menschen selbst. Sie haben Einfluss auf Ihr Verhaltensmuster und können Ihre Gedanken diesbezüglich regulieren. Stets negative Gedanken zu hegen, führt irgendwann zu Depressionen und Mutlosigkeit, die sich auf das gesamte Leben auswirken. Affirmationen sind der geeignete Weg, das positive Selbstbild zu erstellen und motivierende Gedanken vorherrschen zu lassen. Visualisieren Sie Ihre Affirmationen, führen Sie sich Ihre Wünsche und Vorstellungen vor Augen, um Ihre Ziele klar und greifbar stets vor sich zu sehen. Nicht empfehlenswert ist es beispielsweise, die Affirmationen zu formulieren wie: Ich glaube an die überzeugenden Fähigkeiten und Talente, die ich besitze. Richtiger ist es: Ich glaube täglich mehr daran, dass ich über Fähigkeiten verfüge, die andere Menschen überzeugen. Das Prinzip ist, nicht sofort das Ziel zu fokussieren, sondern der Weg zum Ziel wird durch die Anwendung und Formulierung der Affirmationen realistisch. Affirmationen helfen grundsätzlich in allen Lebenslagen.

Positives Denken entwickeln

Was bringt Ihnen positives Denken? Mit anderen Worten, Sie filtern sämtliche positiven Aspekte heraus und konzentrieren sich auf gute und angenehme Seiten Ihres Lebens, denn das grundsätzliche positive Denken ist die optimale Grundlage des Gesetzes der Anziehung. Optimismus ist eine der wichtigsten Faktoren, um beruflichen und auch persönlichen Erfolg zu erreichen. Selbstverständlich können Sie nicht komplett Ihre Sorgen, Ängste, Probleme und Selbstvorwürfe ignorieren; es ist jedoch nicht sinnvoll, Ihr gesamtes Denken auf Negatives zu projizieren. Wenden Sie sich anderen Dingen zu, lenken Sie sich ab. Die Probleme lösen sich nicht auf, wenn Sie ständig mit diesen beschäftigt sind und keinen Platz für positive Gedanken haben.

Sie wollen glücklich sein

Es ist irrelevant, in welcher Situation Sie sich derzeit befinden, Sie sind in der Lage diese zu interpretieren. Positiv denken heißt nicht, es gibt nichts Negatives. Die Vogel-Strauß-Perspektive bringt Sie nicht weit. Negatives überdenken, akzeptieren und danach zu handeln ist durchaus sinnvoll;

darüber hinaus ist es ratsam, stets neben den negativen Punkten die positiven Aspekte zu finden. Richten Sie Ihren Fokus auf diese Aspekte, nehmen Sie das Negative zur Kenntnis. Wenn Möglichkeiten bestehen, handeln Sie entsprechend, ansonsten ändern Sie nichts, indem Sie ständig dem negativen Kurs folgen und keinen Platz für positive Gedanken haben.

Einige Tipps, die zu positivem Denken führen

Jedes Geschehnis, jede Situation hat etwas Positives, auch wenn es sich lediglich um Erfahrungswerte handelt. Viele Leute führen ein Dankbarkeitstagebuch. Denken Sie abends vor dem Schlafengehen nach, für welche Dinge Sie dankbar sind, sei es im Bereich Gesundheit, Glück, Erfolg im Beruf oder in der Familie. Statt auf Mängel und negative Geschehnisse konzentrieren Sie sich auf Dinge, die positiv und für die Sie dankbar sind. Haben Sie ewig schlechtgelaunte Zeitgenossen um sich, dann meiden Sie diese. Sie sind nicht das Opfer, Sie sind nicht der Märtyrer, Sie können Ihr Leben durchaus bis zu einem gewissen Grad selbst bestimmen und das möglichst als

Sonnenkind, nicht als Griesgram. Vergleiche sollten Sie tunlichst vermeiden, klar, manche Leute haben größere Autos, schönere Häuser, mehr Geld, aber das ist kein zusätzliches Problem für Sie, also vergessen Sie diese belanglosen Tatsachen. Verschwenden Sie keinen einzigen Ihrer kostbaren Gedanken an die rosigen Lebenssituationen anderer Leute, denn sich darauf zu konzentrieren, ist komplett überflüssig und führt vom positiven Denken weit fort. Die Leute „auf der Sonnseite“ haben ebenso ihre Probleme und Sorgen, auch diese Mitbürger werden nicht vom Schicksal verschont und unterliegen genauso wie Sie dem Gesetz der Anziehung.

Erstellen Sie eine To-do-Liste?

Statt einer Liste über Aufgaben, die Sie zu erledigen haben, gestalten Sie eine Das-habe-ich-geschafft-Liste. Sie kommen auf positive Gedanken. Sie haben endlich den längst fälligen Arzttermin vereinbart, der ständig tropfende Wasserhahn ist repariert und der Keller endlich aufgeräumt. Diese Liste führt automatisch zu positivem Denken. Versuchen Sie morgens beim Aufwachen nicht an die To-do-Liste zu denken, sondern an die Was-ist-geschafft-Liste, die Sie selbstverständlich täglich um eine weitere Aufgabe vergrößern. Sie stellen fest, dass jeder Mensch selbst entscheiden kann, zu welcher Kategorie er gehört, zu den Optimisten oder Pessimisten.

Beispiele, wie Sie richtig und positiv denken lernen

Einige Beispiele, die in der heutigen Zeit die Gedankenwelt der meisten Leute beherrschen:
Ich will nicht mehr allein sein,
ich will nicht mehr Übergewicht mit mir herumschleppen,
ich habe keine Lust, meine beruflichen Aufgaben zu erfüllen. Ich will eine andere Tätigkeit ausführen.
Ich will nicht mehr unsicher und schüchtern sein.
Ja, genau diese Gedanken sind grundfalsch. Das Unterbewusstsein und das Universum kennen das Wort „nicht oder kein" nicht. Formulieren Sie Ihre Wünsche im positiven Denken:
Ich möchte einen Partner finden,
ich möchte schlank werden.
Ich möchte einen ausfüllenden mir Freude machenden Beruf ausüben.

Ich möchte selbstbewusster und offener auf jeden Menschen zugehen können, meine Schüchternheit will ich bekämpfen. Nicht nur das Denken, sondern ebenso das Fühlen und Verstehen ist die positive Kombination. Analysieren Sie Ihre Denkstruktur, um sich auf das positive Denken zu konzentrieren. Selbstverständlich gehören negative Gedanken mit zum Leben, es ist nun einmal nicht alles positiv. Wichtig ist jedoch, dass Sie in keinen negativen Strudel geraten und sich an negativen Gedanken „festbeißen". Überdenken Sie das Negative, ergründen Sie die negativen Seiten und verschwenden Sie danach keine Gedanken mehr an Negatives. Seien Sie zu sich selbst ehrlich, reden Sie sich nicht ein, positiv zu denken, obwohl Sie vom Negativen überzeugt sind. Sie sehen, so einfach ist es gar nicht, das richtige Denken muss gelernt werden.

Wenn Sie Ihre Arbeit verlieren, wie gehen Sie damit um

Wenn das eintritt, wird für viele Menschen das Leben plötzlich von einem Augenblick zum anderen nicht mehr lebenswert, sofort überstürzen sich die Sorgen und Probleme. Das Grübeln bringt absolut nicht weiter, Sie sollten dann Schadensbegrenzung anstreben. Melden Sie sich als „arbeitslos“, bemühen Sie sich unverzüglich um Arbeit. Wichtig ist jedoch, auch in dieser einschneidenden Situation positives Denken zu entwickeln. Freuen Sie sich, einige freie Tage zu haben, die Sie nutzen können für Aufgaben, die immer wieder herausgeschoben werden. Der Jobverlust bedeutet für Sie die Gelegenheit zu einem Neustart. In jeder Position und Lebenslage ist zu analysieren, was ist in einer misslichen Lage noch positiv. Ein unverbesserlicher Optimist sagt dann meist, „es hätte ja noch schlimmer kommen können.“ Diese Behauptung ist durchaus logisch.

Was können Sie beeinflussen?

Sie fühlen sich nicht gut, weil Sie entweder zu groß oder zu klein, nicht attraktiv genug sind oder irgendwelche körperlichen Merkmale haben, die Ihnen Minderwertigkeitskomplexe bescheren. Etwas aus Ihrer Vergangenheit tut Ihnen leid und lässt Sie nicht in Ruhe. Sie bringen sich selbst an den Rand der Verzweiflung, weil andere Menschen aus Ihrem Umfeld sich Ihnen gegenüber unfreundlich und aggressiv verhalten haben. An dieser Stelle setzen Sie an, positives Denken zu lernen. Für körperliche Merkmale können Sie nichts, also ist es sinnlos, stets darüber nachzudenken, dass Ihnen Ihre Größe oder Ihr Gesicht nicht gefällt. Wenn Sie irgendwann vor langer Zeit einen Fehler gemacht haben, der eventuell Ihr Gewissen belastet, bringt es Sie nicht weiter, ständig darüber nachzudenken und sich selbst zu zerfleischen. Trösten Sie sich, die wenigsten Menschen sind fehlerlos, jeder Mensch hat sicherlich in seinem Leben gravierende Fehler gemacht. Wichtig ist, dass Sie lernen und zukünftig keine derartigen Fehler machen. Wenn andere Menschen Sie ungerecht behandeln oder unfreundlich sind, haben Sie auch darauf keinen Einfluss, Sie können nicht die Gefühlswelt anderer Menschen beeinflussen. Denken Sie nicht weiter darüber nach, das ist Verschwendung in puncto Zeit und Gedankengut. Konzentrieren Sie sich darauf, was Sie ändern können, was in Ihrer Macht steht. Sie können Ihr Gewicht ändern, indem Sie entsprechende Maßnahmen ergreifen. Sie können Ihr Selbstbewusstsein stärken durch Selbstdisziplin und positives Denken.

Seien Sie nicht Sklave Ihrer Gedanken, sondern lenken Sie Ihre Gedanken in die Ihnen angenehme positive Wegrichtung.

Drei Hauptpunkte

Jede Situation annehmen und akzeptieren, es bleibt Ihnen schließlich nichts anderes übrig. Lassen Sie ruhig anfangs die negativen Gefühle zu, um sich dann von diesen zu befreien. Sie haben die negativen Gefühle registriert, nun wenden Sie den Fokus auf das Positive, und dort bleiben Sie stehen und schauen nicht mehr zurück. Negative Gefühle wurden zur Kenntnis genommen und analysiert, Sie können nichts mehr ändern und denken keinesfalls ablehnend und verneinend.

Krampfhaft positiv denken

Das ist keinesfalls die elegante Lösung. Egal wie, einfach nur positiv denken, ist auf keinen Fall genial. Sie reden sich ein, alles ist gut, aber glauben selbst nicht daran, dann bringt Ihnen das positive Denken nicht viel. Sie allein entscheiden, ob die Situation positiv oder negativ für Sie persönlich ist. Wie bereits erwähnt, ist es unumgänglich, das Negative zu durchdenken, um sich dann auf das Positive zu beschränken.

Positiv denkende Menschen verfügen über ein ausgeglichenes Seelenleben. Wenn Sie selten depressiv gestimmt sind und auch mal schlechte Laune haben, überwiegt letztendlich das positive Denken, denn Sie haben diese Denkweise selbst entwickelt.

Ein erfülltes Leben dank der richtigen Denkweise

Wer selbstkritische Gedanken hegt und überzeugt ist, nichts zu schaffen und nichts „in den Griff" zu bekommen, muss lernen umzudenken. Nutzen Sie Affirmationen, um diesem Teufelskreis zu entkommen. Groll und Zorn auf andere Menschen zu hegen und zu pflegen, ist einfach gesagt sinnlos. Ein erfülltes Leben wird Ihnen mit diesen giftigen Gedanken kaum beschieden sein. Analysieren Sie das Gefühl, Sie sind zornig, beispielsweise auf den Nachbarn oder Arbeitskollegen, Sie denken wütend darüber nach, was Sie hätten sagen oder machen können, um denjenigen so richtig ebenfalls in Rage zu bringen. Nun hinterfragen Sie sich, was ist der Sinn dieser Gedanken? Sie ärgern sich selbst, derjenige, um den es geht, hat keine Ahnung, dass Sie sich überhaupt mit diesen Gedanken befassen. Wahrscheinlich freut es ihn sogar, dass Sie ihn so wichtig finden und ihre Zeit mit nutzlosen Gedanken um ihn verplempern. Beherzigen Sie den Ratschlag, hegen Sie keinen Groll und beschäftigen Sie sich lieber mit allgemeinen positiven Gedanken. Erfüllt und glücklich zu leben ist ein aktueller Zustand, der jedoch ständig Ihre Aufmerksamkeit erfordert.

Wie gestalten Sie Ihr Leben sinnvoll

Suchen Sie sich die richtigen Freunde aus. Halten Sie Abstand zu Menschen, die Sie daran hindern, Ihr erfülltes Leben zu realisieren. Menschen, die Sie nicht schätzen, nur für Sie da sind, wenn es Ihnen gutgeht, wenn Sie Hilfe benötigen jedoch wegschauen, auf diese Menschen können Sie gern verzichten. Filtrieren Sie Ihren Freundes- und Bekanntenkreis und konzentrieren sich auf die wenigen, aber echten Freunde. Pessimisten und notorisch nörgelnde Menschen sind wahrlich keine Stützen, sondern Stolpersteine. Ein wichtiger Eckpunkt ist, dass Sie sich nicht mit der Vergangenheit verzetteln; hätte ich, wäre ich doch usw. Das bringt Ihnen nichts, an dem Geschehnis ändern diese Gedanken überdies gar nichts.

Verwenden Sie Ihre Energie und Konzentration auf ein erfülltes erfolgreiches Leben in der Gegenwart. Haben Sie keine Angst vor Fehlern, die schließlich jeder Mensch macht, nicht nur Sie allein weltweit. Lernen Sie aus Fehlern, vermeiden Sie diese, aber wenn nun doch mal etwas schiefläuft, dann reagieren Sie angemessen, souverän und locker. Denken Sie niemals, was hat mich heute genervt? Sondern überlegen Sie, was heute schön war, worüber Sie sich gefreut haben. Lassen Sie sich nicht irritieren, ein weiser Satz „Der größte Fehler, den Sie machen können, ist, Angst davor zu haben, überhaupt einen Fehler zu machen." Fehler macht jeder, aber dazu stehen und aus diesen Fehlern zu lernen, ist die Kunst, das eigene Leben erfüllt und erfolgreich zu gestalten.

Bewusst leben

Der monotone Alltag besteht nicht nur aus Routine, finden Sie schon hier kleine Freuden und Annehmlichkeiten; Sie werden feststellen, dass auch der gewöhnliche Alltag viele kleine Freuden präsentiert. Die aus dem Alltag resultierende Trägheit und Bequemlichkeit dürfen nicht das Leben beherrschen. Ein Hemmnis für die besten Voraussetzungen eines erfüllten Lebens ist die Angst vor vielen Dingen. Wie gehen Sie mit Herausforderungen um?

- Denken Sie „um Himmelswillen, bloß keinen Fehler machen“ oder denken Sie, „irgendwie schaff ich das schon.“
- Denken Sie „das kann ich jetzt nicht und das kann ich niemals“ oder denken Sie „wenn es sinnvoll und nützlich ist, dann lerne ich es eben.“ Wenn der Wille zum Lernen vorhanden ist, haben Sie schon den ersten Schritt zum Erfolg getan.
- Sind die Begrenzungen für Sie wichtig oder die Möglichkeiten?

Das Wachstumsdenken ist ein Schritt zum Erfolg:

- Die vorhandenen Fähigkeiten werden weiterentwickelt bis zur Vollkommenheit,
- die Situationen und Ereignisse besser verstanden. Die Erfahrungswerte erhöhen sich dementsprechend.
- Fehler werden gemacht, um Neues zu erfahren und zu testen. Die ständige Weiterentwicklung ist das Bestreben.

Fördern Sie Ihr Growth-Mindset. Bereiche, die Sie interessieren, sehen Sie als Aufforderung, sich gerade in diesen Bereichen weiterzuentwickeln. Nutzen Sie das Gesetz der Anziehung, um Ihre Lebensträume und Wünsche zu realisieren. Der unkomplizierte Umgang mit Misserfolgen und Fehlern führt dazu, dass Sie Fehler und Unzulänglichkeiten eben als gegeben hinnehmen und es beim nächsten Mal besser machen.

Was schaffen Sie aus eigener Kraft

Vorurteile sind in der Regel unüberlegte ungeprüfte Aussagen, die einfach übernommen werden. Wissenschaftler fanden heraus, dass Kinder, die als komplette Versager nicht nur von den Lehrern, auch von Mitschülern und Eltern angesehen wurden, ihr Versagen kommentarlos akzeptierten. Die Kinder, die sich jedoch beweisen wollten, überflügelten mit ihren Fähigkeiten teilweise sogar die Klassenbesten! Sehen Sie, was positives Denken, kombiniert mit Willenskraft vermag. Verborgene Talente und Fähigkeiten werden quasi zum Leben erweckt. Unsportliche Leute, die verlacht wurden und der Meinung waren, dass sie nun eben nicht zum Sportler geboren wurden, haben die Kommentare der „wohlmeinenden“ Mitmenschen ignoriert und wurden erfolgreiche Sportler. Unternehmen, die gerade vor der Insolvenz standen, brachten Manager und erfolgreiche Mitarbeiter weit nach oben, nun punkten diese Betriebe mit „schwarzen“ Zahlen in der Bilanz. Positives Denken, an sich selbst glauben und der eiserne Wille vermögen weit mehr, als Sie es für möglich halten. Erfolgreiche Wissenschaftlicher, prominente Persönlichkeiten und Staatsmänner waren in der Jugend mal so gerade mittelmäßig begabt und wurden auch so in den Zeugnissen dargestellt. Diese Menschen haben ihr vorhandenes Potenzial gestärkt und aus eigener Kraft weiterentwickelt.

Versagensangst und Selbstzweifel sind Fremdwörter für Sie

Um ein erfülltes Leben zu realisieren, gibt es diese Begriffe nicht mehr in Ihrem Umfeld. Lassen Sie wohlmeinende Leute reden, gehen Sie Ihren Weg und fördern Sie Ihre Fähigkeiten und Talente. Jeder einzelne Mensch hat von der Natur oder von Gott, nennen Sie es, wie Sie möchten, bestimmte Begabungen und Eignungen mit auf den Weg bekommen. Viele Leute sterben und haben während ihres Aufenthaltes auf der Erde ihre Qualifikationen und Kapazitäten nicht erkannt. Das ist tragisch, die modernen Schulen mit aufgeschlossenen Pädagogen sind in der heutigen Zeit bestrebt, von jedem Schüler die in ihm schlummernden Veranlagungen zu finden und gleichzeitig zu fördern. Die sogenannten Multitalente, die alles können, gibt es selten, aber trösten Sie sich, finden Sie Ihre eigenen Begabungen.

Zwingen Sie sich nicht zu Tätigkeiten, die Ihnen nicht zusagen

In vielen Unternehmerfamilien ist es gang und gäbe, dass ein Kind das Geschäft oder den Bauernhof weiterführt, unabhängig von den vorhandenen Talenten und Fähigkeiten. Diese Regelung ist selbstverständlich nicht positiv, das dürfte klar sein. Der künstlerisch begabte Sohn eignet sich wahrscheinlich nicht als Landwirt oder KFZ-Mechaniker. Bei diesen Menschen ist die negative Gedankenweise vorprogrammiert, denn ein erfülltes Leben führen diese Leute wirklich nicht, sie sehen ihr Berufsleben als alternativlos und unabwendbar an, während sie als Künstler, Arzt oder Techniker ein erfülltes Leben hätten.

Manifestieren lernen

Das Manifestieren besteht aus drei Techniken, und zwar das Visualisieren, das Affirmieren und das Handeln. Das Visualisieren gibt Ihren Wünschen und Träumen Gestalt, Ihre Wünsche bekommen realistische Konturen. Das Affirmieren ermöglicht die emotionale Kraft, um die Wünsche Realität werden zu lassen. Wenn Sie handeln, haben Sie meist das Gewünschte erreicht. Der Prozess des Manifestierens ist grob ausgedrückt; Sie denken an das, was Sie möchten, Sie fühlen sich, als hätten Sie es bereits. Manifestieren ist die Handlung, etwas zu realisieren. Die Manifestation macht Dinge oder Projekte sichtbar, die Wünsche und Vorstellungen werden konkret. Die Formulierung Ihrer Wünsche ist positiv, also das Wörtchen nicht oder kein darf nicht genutzt und nicht gedacht werden. Sie müssen überzeugt davon sein, dass Ihr Wunsch realisierbar ist. Haben Sie Zweifel oder glauben Sie ernsthaft gar nicht an die Verwirklichung Ihrer Wünsche, dann passiert gar nichts. Ihr Unterbewusstsein sendet die Schwingung „das funktioniert nicht" aus und dabei bleibt es. Wenn Sie manifestieren, das heißt, positive Dinge in Ihr Leben einziehen lassen wollen, verbinden Sie sich automatisch mit dem sogenannten Nullpunktfeld, dem Energiefeld. Sämtliche Potenziale finden Sie hier.

Visualisieren lernen – der Blick auf das Wesentliche

Visualisieren ist ähnlich dem Manifestieren, Visualisieren bedeutet, die Wünsche zu veranschaulichen, anders ausgedrückt Visualisieren heißt „sichtbar machen“. Beispielsweise können Sie visualisieren, dass Sie Millionär werden, aber eigentlich ist Ihnen bewusst, dass dies kaum realisierbar ist. Sie können jedoch visualisieren, dass Ihr Unternehmen in einem Jahr sehr gut läuft und sich hervorragend etabliert. Durch das Visualisieren wird Energie freigesetzt, diese Energie ist die Verbindung zum Gesetz der Anziehung. Gedanken sind ebenso Energie, daher sind positive Gedanken so wichtig. Aufgrund der Kraft unseres Bewusstseins, verbunden mit dem Gesetz der Anziehung, bringen wir durch unsere Gedanken und Empfindungen das Quantenfeld zum Schwingen. Je öfter gleiche Gedanken aktiv werden, desto mehr Anziehung entsteht, die Energie vergrößert sich. Visualisieren heißt konzentrieren; die Visualisierung hilft, die Wünsche und Vorstellungen bildhaft darzustellen. Die innere Bildgestaltung ist außerordentlich wichtig. Die emotionalen Schwingungen sind maßgebend, ebenso wie die Gefühlswelt harmonisch in sich ist. Ihre Lebenseinstellung ist bejahend und optimistisch.

Richtig visualisieren

Sie müssen sich Ihren Wunsch vorstellen und sich mit diesem Wunsch beschäftigen, als wenn die Erfüllung bereits stattgefunden hat. Das heißt allerdings nicht, dass Sie sich mehr Einkommen wünschen und plötzlich alles zur Verfügung stehende Geld verprassen, um den Wunsch nach mehr Geld zu visualisieren. Das Resultat wird dann wohl sein, dass Sie gar kein Geld mehr haben, aber auch nicht die Aussicht, etwas zu bekommen. Stellen Sie sich vor, gemeint ist das Visualisieren, dass Sie das Geld hätten und was Sie damit machen könnten, die Betonung liegt auf könnten und hätten.

Die Ziele visualisieren – die effektive Technik

Mit Visualisierung können Sie Ihr Unterbewusstsein implementieren. Durch die Visualisierung stellen Sie sich Ihr Vorhaben oder Ihre Wünsche realistisch vor. Sie beschäftigen sich intensiv mit Ihren Wünschen, sodass diese Vorstellungskraft bis zu Ihrem Unterbewusstsein vordringt. Einzelne Schritte zur Erfüllung des Wunsches können ebenso visualisiert werden. Viele Menschen programmieren ihr Unterbewusstsein negativ, weil sie stets negativ denken. Der Teufelskreis beginnt, denn die Gefühle befinden sich logischerweise ebenfalls im negativen Bereich. Die Auswirkung des Gesetzes geschieht automatisch auf negativer Ebene.

Glück und Erfolg anziehen

Täglich tauchen die Ziele und Wünsche in Ihren Gedanken auf, schreiben Sie Ihre Wünsche, sodass Sie täglich das Geschriebene sehen. Glück ist eigentlich eine positive Energie, jedoch muss diese Energie im Einklang mit der vitalen Energie sein. Negative Gedanken, kombiniert mit depressiver Stimmung bremsen Ihr Glück. Akzeptieren Sie die Menschen so, wie sie nun einmal sind. Jeder Mensch ist auf seine eigene Art und Weise etwas Besonderes. Sie müssen nicht einer Meinung mit jedem Menschen sein, sollten allerdings für die Meinungen und Auffassungen anderer Menschen Verständnis aufbringen. Versuchen Sie, kritiklos zu sein. Jeden Wunsch, den Sie hegen, müssen Sie sich in Ihrer Fantasie vorstellen können.

Das Anziehen von Geld

Für manche Leute ist Geld gleichbedeutend mit Glück. In diesem Bereich ist es relevant, dass Sie die Zeichen richtig deuten. Wer sich explizit mehr Geld wünscht, jedoch den neuen Job aus Angst zu versagen nicht annimmt, wird kaum eine zweite Chance bekommen. Das Gesetz der Anziehungskraft ist in allen

Lebensbereichen wirksam. Das Gesetz ist wie ein Magnetismus zu verstehen, der sich auf unterschiedliche Schwingungen und Strömungen erstreckt. Die unterschiedlichen Auswirkungen werden von diesem Magneten angezogen. Der Magnetismus ist so zu erklären, dass sich zwei Dinge in einem Ganzen auseinanderziehen und mit natürlicher Kraft wieder zusammenziehen.

Das Gesetz der Anziehung ist kompliziert

Manchmal wird das Gesetz der Anziehung als simpel bezeichnet, dem ist nicht so. Die Ziele müssen ständig visualisiert werden, der Effekt ist garantiert. Das Gesetz der Anziehung ist jedoch zu komplex, um so einfach gehandhabt zu werden. Liebe und Angst sind zwei unterschiedliche Gefühle, die jedoch zum Gesetz der Anziehung passen. Wer aus Liebe handelt, bringt den Mitmenschen Respekt, Achtung und Wertschätzung entgegen. Wer allerdings aus Angst handelt, stellt seine Bedürfnisse und Vorstellungen niemals in den Vordergrund. Die Gedanken basieren häufig auf negative Grundlagen und behindern die Auswirkungen des

Gesetzes der Anziehung. Angst ist letztendlich intensiver als Liebe.

Kann mit dem Gesetz der Anziehung ein Lottogewinn realisiert werden?

Positive Gedanken und positive Gefühle sind nicht gleichzeitig ausschlaggebend für den garantierten Lottogewinn. Viele Leute haben im Grunde ihres Herzens Angst, einen richtig großen Lottogewinn zu visualisieren. Die Veränderungen, die ein exorbitant großer Lottogewinn mit sich bringt, sind für diese Leute nicht zu bewältigende Herausforderungen. Es ist daher sinnlos, sich per Gesetz der Anziehung auf den Lotto-Jackpot zu fokussieren. Die Zufriedenheit mit einem kleinen Lottogewinn ist realistisch. Wenn Sie denn unbedingt einen Lottogewinn als Wunsch formulieren, sollte es explizit nicht gerade der Jackpot sein. Fünf Richtige tun es auch. Darüber hinaus ist es zwar richtig, dass Sie einen Wunsch nach mehr Geld aktivieren, jedoch ist ein Lottogewinn ziemlich vage und wird häufig gar nicht vom Gesetz der Anziehung geleitet. Die innere Überzeugung ist relevant, die sich ja nicht unbedingt auf den Lottogewinn konzentriert, sondern auf den generellen Wunsch nach mehr Geld.

Wovon hängen das Glück und der Erfolg ab

Was Sie sind oder was Sie haben, ist nicht ausschlaggebend. Maßgebend sind Ihre Gedanken; Sie erinnern sich, dass positive und negative Gedanken ihren eigenen Stellenwert haben. Es ist gar nicht so einfach, Erfolg zu messen, denn der Erfolg ist in vielen Lebensbereichen von Bedeutung, sei es im Beruf oder sei es in der Familie. Sie können Erfolg auf materieller Basis haben, sind aber nicht zufrieden, sodass nicht von einem echten Erfolg gesprochen werden kann. Wenn jemand viele Male versagte, etliche neue Arbeitsstellen nach kurzer Zeit wieder verlässt, wird von Erfolglosigkeit gesprochen. Dieser Mensch strebt weiterhin vorwärts, er gibt sich nie geschlagen, steht nach jedem Fehlschlag wieder auf, dann ist diese Person in gewissem Sinne erfolgreich. Ein weiterer Schritt zum Erfolg ist die Konzentration auf den Erfolg. Wenn Sie trotz aller Bemühungen jedoch negativ denken, wird der Erfolg lange auf sich warten lassen. Ein anschauliches Beispiel ist ein Scheinwerfer, der weitflächig sein Licht leuchten lässt. Sie sehen hervorragend, können jedoch keine einzelnen Gegenstände klar erkennen. Wenn sich der Scheinwerfer auf eine bestimmte Ecke dieser Fläche richtet, sehen Sie klar und deutlich, was Sie sehen wollen. Die Konzentration ist ebenso zu erläutern. Konzentrieren Sie sich nicht auf den allgemeinen Reichtum, sondern auf eine Gehaltserhöhung, einen Lottogewinn, der allerdings nur vage aufgeführt werden kann. Der Fehler ist, dass sich nicht jeder festlegt und auf ein bestimmtes Ziel konzentriert, sondern nur unbestimmt in seinen Wünschen bleibt.

Für jeden Menschen hat Glück eine andere Bedeutung

Manche Menschen empfinden ein gefülltes Bankkonto als höchstes Glück, einige Menschen sehen die Familie als größtes Glück. Kranke Menschen werden wohl mit großer Wahrscheinlichkeit die Gesundheit als Glück preisen. Viele Eltern sind glücklich wegen ihrer gut geratenen Kinder, das persönliche Glück ihrer Kinder ist gleichzeitig das Glück der Eltern. Glück und innere Zufriedenheit sind meist die gelungene Kombination, die auf das

Gesetz der Anziehung wirkt. Wer die Welt positiv wahrnimmt, hat keine inneren Blockaden. Keinesfalls sollten Sie die Verantwortung „abgeben", indem Sie zwar positiv denken, jedoch nicht beruflich motiviert sind, weil Sie der Auffassung sind, das Gesetz der Anziehung erledigt alles für mich. Das ist ein Trugschluss, Sie müssen schon weiterhin aktiv bleiben. Lassen Sie sich bei der Erledigung Ihrer täglichen Aufgaben nicht irritieren und denken Sie prinzipiell positiv. Formulieren Sie Ihre Wünsche richtig.

Ereignisse, die Sie selbst verursachen

Die Lebensumstände, in denen Sie sich befinden, sind nicht der Außenwelt zuzuschreiben. Häufig sind Sie selbst schuld aufgrund negativer Gedanken. Es ist tatsächlich so, dass der Mensch kontinuierlich denkt und sich diese Gedanken im Unterbewusstsein sozusagen festsetzen. Um ein glückliches Leben zu haben und erfolgreich sein, ist es natürlich nicht ausreichend stets positiv zu denken. Zuerst müssen Sie selbst von Ihren positiven Gedanken überzeugt sein. Wenn Sie selbst restlos ehrlich sind, geben Sie zu, dass Sie von Ihren

Wünschen nicht vollkommen überzeugt sind. Um Erfolg zu haben, ist das allerdings die wichtigste Voraussetzung. Vergessen Sie niemals Ihr Unterbewusstsein, es nimmt alles auf wie ein Staubsauger und verarbeitet auch alles, allerdings nicht immer so, wie es in Ihrem Sinne ist. Ihr Unterbewusstsein ist auch darüber informiert, wenn Sie von Ihren Wünschen selbst nicht überzeugt sind, Sie können Ihr Unterbewusstsein nicht belügen oder täuschen. Jeder Gedanke und jedes Gefühl werden im Unterbewusstsein gespeichert und in die entsprechende Richtung gelenkt. Die Schwingungen der Energie sind abhängig von Ihrem Unterbewusstsein.

Üben Sie, Ihre Gedanken zu ordnen

Die Gedanken zu formulieren, ist schwierig. Sie üben, bejahende Gedanken zu formulieren, verneinende Gedanken werden nicht vom Gesetz der Anziehung anerkannt. „Hoffentlich bin ich morgen nicht krank“ bringt also gar nichts, Sie müssten dann Ihre Gedanken so formulieren; „ich hoffe, dass ich morgen gesund bin.“ Viele Wünsche sind gar nicht so einfach umzuformulieren. Übung macht hier den

Meister, irgendwann sind Ihre Gedanken automatisiert. Gedanken haben eine bestimmte Frequenz und sorgen für Schwingungen. Abhängig von der jeweiligen Stimmung schwingt die Frequenz hoch oder niedrig. Negative Gefühle wie beispielsweise Angst, Hass oder Wut sind entsprechend niedrig; während Freude, Mitgefühl und Dankbarkeit für hohe Schwingungen der Frequenz verantwortlich sind. Gedankenmuster verhindern, dass Sie Ihr gesamtes Potenzial erkennen. Oberflächliche nichtssagende Gedanken bewirken gar nichts. Es reicht nicht, wenn Sie lediglich sagen ich bin reich oder ich bin gesund. Die Veränderung, die Sie wünschen, muss tiefgreifend sein, unser gesamtes Denken stellt sich automatisch auf unsere Empfindungen und Wünsche ein. Nur so kommen wir in Einklang mit den Gesetzen des Universums. Gedanken sorgen für Gefühle, die wiederum zu Taten führen, deren Ergebnis durchaus Erfolge sein können.

Man erntet was man sät

Dieser Ausspruch steht in Verbindung mit dem Gesetz der Anziehung. Die Gedanken beeinflussen die künftigen Ereignisse, verbunden mit Ihren Wünschen. Die manifestierte Denkweise ist so zu deuten, dass Menschen, die sich selbst in der Opferrolle sehen Dinge anziehen, die sich auch stark auf die Opferrolle beziehen. Der Schuldenberg verringert sich nicht, weil sich die Person als Opfer sieht und mit ihrem Selbstmitleid das eigentliche Problem nicht löst. Die Schulden sind keine Bestimmung höherer Mächte, ebenso wenig, wie der Schuldner ein Opfer ist, die Schulden haben sich lediglich im Laufe der Zeit angehäuft. Denken Sie positiv, denn Sie wissen, dass sich die Schulden einzig und allein durch Abzahlungen reduzieren, nicht durch Selbstmitleid. Wenn Sie das Gesetz der Anziehung aus Sicht der Esoterik oder des Spiritismus sehen, wird das Gesetz von universellen Kräften geleitet. Von welchem Standpunkt auch immer das Gesetz der Anziehung betrachtet wird, das Fundament sind grundsätzlich positive Gedanken. Das Gesetz ist jedoch überall präsent und gilt allerorts. Die innere Überzeugung ist ebenfalls von Wichtigkeit, denn wie bereits erwähnt, wenn Sie selbst nicht überzeugt sind, ist kaum mit Erfolg zu rechnen. Der bloß geäußerte Wunsch bleibt auch ein Wunsch, Sie müssen von der Erfüllung überzeugt sein und den Wunsch manifestieren. Das Universum sendet stets Zeichen, beispielsweise erhalten Sie einen besser bezahlten Job, statt dass Ihr Bankkonto auf unerklärliche Weise Geldbeträge aufweist. Um Ihr Unternehmen aus den roten Zahlen holen, glänzen Sie plötzlich mit einer Geschäftsidee. Es ist also ebenso wichtig, dass Sie die Zeichen richtig deuten lernen. Wer sich einredet, beziehungsunfähig zu sein, wird wohl auch mithilfe des Gesetzes der Anziehung keinen Partner oder Partnerin finden. Die Gedanken bzw. das Unterbewusstsein registriert, dass die Person beziehungsunfähig ist oder sich so fühlt, dieses Gefühl schwebt wie ein Damoklesschwert über dem Kopf dieser Person. Positiv denken heißt nicht einfach verdrängen, sondern Sie müssen überzeugt sein. In manchen Lebenssituationen ist es notwendig, auch die negativen Seiten zu berücksichtigen, statt diese zu ignorieren. Die Probleme werden nur so gelöst und Schadensbegrenzungen auch nur so durchgeführt. Sie dürfen jedoch auf keinen Fall ständig negativ denken, dann findet sich keine akzeptable Lösung.

Verzetteln Sie sich nicht mit Hirngespinsten

Viele Leute sind negativ eingestellt, weil sie nicht genügend Geld besitzen oder weil sie dieses Jahr keine exorbitante Gehaltserhöhung bekamen. Ein neues Auto und Smartphone gab es auch nicht. Nun kreisen die Gedanken ständig um die nicht erfüllten Wünsche, diese Einstellung ist natürlich nicht optimal, das Gesetz der Anziehung reagiert nicht in Ihrem Sinne. Meist vergessen die Leute, dass sie vor ungefähr zehn Jahren viel weniger als heute besaßen. Unzufriedenheit ist schädlich und ändert nichts an Ihrer derzeitigen Situation. Diese Einstellung wird vom Gesetz der Anziehung nicht akzeptiert, denn die Gedanken führen unweigerlich ins Negative. Denken Sie an Ihre eigenen Annehmlichkeiten und Wertgegenstände, nicht daran, dass der Nachbar vielleicht ein besseres Auto besitzt oder Kinder, die studieren. Leute, die nicht studieren, können ebenso gut ihren Verpflichtungen nachkommen.

Schauen Sie nach vorne, nicht nach rechts oder links. Nehmen Sie die Vergünstigungen der Bekannten oder Freunde gar nicht zur Kenntnis, deren Besitz tangiert Sie nicht. Beschäftigen Sie sich mit positiven vernünftigen Gedanken. Sie wissen, Ihr Unterbewusstsein schläft nie, auch Neid registriert es durchaus und speichert die Gedanken dazu.

Einige Eckpunkte zum Gesetz der Anziehung

Das Gesetz wirkt immer hundertprozentig, egal ob Sie daran glauben oder nicht. Sie können die Wirkung steuern, indem Sie Ihre Gedanken bewusst in eine positive Richtung lenken, Ihre Gedanken senden magnetische Signale. Immer wenn Sie intensiv denken, tritt das Gesetz der Anziehung in Kraft, Sie können diesen Fluss nicht abstellen. Sprichwörter und Volksweisheiten beziehen sich auf das Gesetz der Anziehung, somit wussten die Menschen in der Vergangenheit von diesem Gesetz. Einige Sprichwörter treffen punktgenau die Reaktion des Gesetzes: Der Glaube versetzt Berge bzw. die Gedanken, ob in positivem oder negativem Sinne. „Zorn ist ein schlechter

Begleiter“, die Wirkungen des Gesetzes beweisen es. Wer seinen Zorn nicht unter Kontrolle bekommt, leidet selbst am meisten. Es ist jederzeit möglich, die Schwingungen in bestimmte Richtungen zu senden, passend zum Sprichwort: „Besser spät als nie.“ Jeder ist seines Glückes Schmied besagt präzise, dass die eigene Denkweise das Gesetz beeinflusst, sodass tatsächlich jeder seines Glückes Schmied ist.

Die Ergebnisse sind abhängig von unseren Gedanken

Die Wirkung des Gesetzes können wir beeinflussen, indem wir unsere Gedanken richtig ordnen und stets in positivem Sinne denken. Der ewig nörgelnde komplett negativ eingestellte Mitbürger reduziert mit der Zeit die in seiner Umgebung befindlichen positiven Schwingungen. Es ist wichtig zu wissen, was Sie wollen und wünschen; das richtige Formulieren ist ebenso zu beachten. Wer seine geheimen Wünsche nicht visualisiert, wird auch keinen Erfolg bemerken. Zweifel und Ängste sind keineswegs optimal in Verbindung mit der Wirkung des Gesetzes der Anziehung. Drei wichtige Bereiche, die jedem Menschen etwas bedeuten und sich auf das Gesetz beziehen: Die zwischenmenschlichen Beziehungen spiegeln Ihre Gedanken wider, stets sollten diese positiv sein. Für den Beruf und Karriere können Ihre Wünsche durchaus verwirklicht werden, allerdings nicht unverzüglich und sofort. Etwas Zeit muss man dem Universum schon zugestehen. Im Bereich Gesundheit ist es wichtig, dass Sie Ihre Gesundheit behalten. Schwere unheilbare Krankheiten sind selbstverständlich nicht auszumerzen mit dem Gesetz der Anziehung. Sie können jedoch Gedanken auf Erleichterung und Lebensqualität trotz Krankheit fokussieren.

Wirkungsbereich des Gesetzes der Anziehung

Das Gesetz und Ihr Unterbewusstsein sind ständig aktiv. Jeder Augenblick in Ihrem Leben wird vom Gesetz beeinflusst, welches neutral, unpersönlich, präzise und überaus gerecht reagiert. Die Aktivierung des Gesetzes ist ähnlich einem Uhrwerk, genau, allgemein und weitab irgendwelcher Emotionen. Zwischen guten und bösen Menschen unterscheidet das Gesetz der Anziehung nicht, nur zwischen positiv und negativ. Stark sind die Menschen, die nie aufgeben, sondern immer wieder aufstehen und weiter versuchen. Natur und Tiere stehen in idealer Verbindung mit dem Gesetz, der Instinkt leitet die Tiere, sodass die Verbindung zum Gesetz stets positiv ist. Träume stehen eng in Zusammenhang mit dem Gesetz. Das Unterbewusstsein ist während unseres Schlafes aktiv, Sie denken nicht wissentlich, senden jedoch entsprechende Schwingungen aus. Träume sind häufig der Spiegel des Unterbewusstseins. Für Menschen, die gar nichts von diesem Gesetz wissen oder sich über die Wirkung nicht im Klaren sind, ist es schwer vorstellbar, dass so ein Gesetz existiert und fehlerlos ständig „arbeitet".

Ist die Erfüllung der Wünsche garantiert?

Nicht nur die Gedanken, die Gefühle spielen eine ebenso große Rolle. Die innere Überzeugung ist ebenso relevant, denn positives Denken muss mit der Überzeugung im Einklang stehen. Die Manifestation der Wünsche ist unumgänglich, denn nur ein bloßer lapidar gesprochener Wunsch wird kaum

berücksichtigt. Achten Sie auf Ihre Intuition,
vertrauen und folgen Sie Ihrer Intuition, das Unterbewusstsein und die Intuition sind miteinander verbunden. Je mehr Sie Ihrer inneren Stimme vertrauen und diese nutzen, desto positiver sind Ihre Gedanken. Ihr „Bauchgefühl“ führt und leitet Sie.

Der ideale und perfekte Gedankengang

Sie fragen sich bestimmt, gibt es den vorgeschriebenen perfekten Gedankengang? Sie müssen daran arbeiten und sich den für Sie vollkommenen Gedankengang gestalten. Sie hegen einen Wunsch, den Sie in Ihre Gedanken einflechten mit der Gewissheit, dass irgendwann das Gesetz der Anziehung positiv reagiert. Sie visualisieren diesen Wunsch und meinen, dass Sie genug getan haben. Sie dürfen nie außer Acht lassen, dass Sie dankbar sind für alles, was Sie besitzen, gemeint sind nicht nur materielle Güter, sondern Lebensumstände, Gesundheit usw. Der negativ eingestellte Mensch ist nicht dankbar, sondern nimmt alles für selbstverständlich hin. Diese Einstellung ist nicht tolerierbar.

Was bringt das Gesetz für Sie persönlich

Ausschlaggebend sind Ihre Gefühle und innere Einstellung. Wenn den Menschen bewusst wird, dass es ein Gesetz der Anziehung gibt, werden sie unsicher bezüglich der Formulierung ihrer Wünsche und den davon abhängigen Gedanken. Die bange Frage: „Was ist, wenn ich nicht froh gestimmt bin, wenn ich absolut keine positiven Gedanken habe, sondern ohne meinen Willen komplett negativ eingestellt bin." Sie können, wie alle anderen Menschen auch, das Positive Ihrer jetzigen Situation finden, darauf sollte der Schwerpunkt liegen. Ihre innere Gefühlswelt ist für die Anziehungskraft verantwortlich. Ihr Unterbewusstsein ist ständig damit beschäftigt, Signale an die Umwelt zu senden. Die Natur des Menschen konzentriert sich auf das, was er nicht hat oder auch gar nicht will. Mit anderen Worten, wenn Sie ständig nach anderen Menschen schauen und sich über diese aufregen, dann werden Sie selbst nicht glücklich. Es ist sicherlich nicht einfach, die eigenen Gedanken zu kontrollieren, da sich Gedanken gern selbstständig machen, abhängig von Ihrer Gefühlswelt.

Das Unterbewusstsein programmieren – geht das?

Unterschiedliche Methoden wie Affirmationen, autogenes Training usw. sind geeignete Hilfsmittel. Affirmieren und Manifestieren sind geeignet, allerdings schaltet sich häufig der nörgelnde kritische Verstand ein und wischt diese Bemühungen mit einem Federstrich weg. Das Problem ist häufig der allgegenwärtige Verstand, der Berater in allen Lebenslagen. Sie müssen vorerst Ihren Verstand überzeugen mit Argumenten und plausiblen Gedanken, denn über den Verstand wird Ihr Unterbewusstsein angesprochen. Der Verstand beeinflusst darüber hinaus Ihre innere Einstellung, um über den Weg positiver Gedanken das Unterbewusstsein zu erreichen. Erst nach diesem Schritt können Sie Ihr Unterbewusstsein zusätzlich mit Affirmation programmieren.

Das Gesetz der Anziehung entspricht der Logik

Die Schwerkraft ist jedem Menschen ein Begriff, das Gesetz der Physik ebenso. Die Anziehungskraft ist Bestandteil dieser Bereiche, die bestimmende Kraft im Universum. Der Optimist beispielsweise verfügt über immense Vorteile. Schicksalsschläge werden schneller überwunden. Die Grundsätze des Optimisten sind: Akzeptiere, was ist und nicht geändert werden kann. Was war, lass los, auch diese Einstellung ist nützlich und überaus positiv. „Glaube daran, was kommt, ist besser“ ist ein ebenso aufbauender Satz. Pflegen Sie die Hoffnung und die Zuversicht, belasten Sie sich nicht mit Zweifeln und Ängsten. Unzufriedene Schwarzseher bieten Ihnen keinen Mehrwert, sondern Sie werden in negative Richtungen gedrängt. Die Pessimisten hingegen rechtfertigen ihren nicht immer gesunden Einfluss damit, dass der Pessimist mit dem Schlimmsten rechnet und daher keine bösen Überraschungen erlebt, für manche Leute ist das halt erstrebenswert. Allerdings ist diese Lebensauffassung nicht vereinbar mit dem Gesetz der Anziehung, denn in diesem Falle wird prompt das Schlimmste eintreffen.

Analysieren Sie Ihr negatives Denken

Glauben Sie an Ihre Fähigkeiten, Pessimisten sind in der Regel nicht selbstbewusst. Wer seinen Fähigkeiten

traut und selbstbewusst auftritt, ist von Grund auf positiv eingestellt. Haben Sie Erfolge, seien Sie stolz und freuen Sie sich über Ihre Erfolge.
Selbstbewusstsein und Energie sind Basiswerte, die automatisch zu positivem Denken führen. Pessimisten und Optimisten machen Fehler, es ist relevant, wie jeder zu seinen Fehlern steht. Perfektion ist zwar gut und effizient, aber nicht jeder ist ein Perfektionist. Wer sich auf Perfektion fokussiert und lediglich „durchschnittlich gute Leistungen" präsentiert, ist nicht zufrieden und wird pessimistisch. Betrachten Sie Ihre Erfolge und Leistungen als akzeptabel und freuen Sie sich über die gute Bewertung. Kämpfen Sie nicht verbissen um Perfektion, sondern akzeptieren Sie Ihre Talente und Leistungen wie sie gewertet werden.

Typische Eigenschaften des Pessimisten

Sämtliche Probleme werden verallgemeinert, anders ausgedrückt, Ihr Chef bittet um Erledigung bestimmter Aufgaben. Das bedeutet nicht, dass Sie ständig Überstunden absolvieren und immer nur die unangenehmsten Arbeiten bekommen. Der Grund kann durchaus sein, dass der Chef mit Ihrer Arbeitsweise zufrieden ist und Sie deshalb bittet, die zugeteilte Aufgabe zu übernehmen. Der Pessimist denkt automatisch negativ, ohne zu hinterfragen. Ihre Kollegen unterhalten sich angeregt, der Pessimist ist prompt davon überzeugt, dass die Kollegen über ihn herziehen. Warum? Es geht meist gar nicht um den Pessimisten, so wichtig ist er gar nicht, es geht um das nächste Betriebsfest oder um die banale Mittagspause und was wo gegessen wird. Befreien Sie sich von diesen nutzlosen Gedanken und Anschuldigungen, versuchen Sie zu realisieren, dass nicht überall Anschuldigungen und Anfeindungen zu vermuten sind.

Unterschied zwischen positiv und negativ denkenden Menschen

Der positiv denkende Mensch wartet nicht auf Möglichkeiten, sondern schafft sich selbst Möglichkeiten. Der Pessimist zweifelt stets an sich und äußert ständig irgendwelche Bedenken. Der Optimist arbeitet an seinem Erfolg, während der Pessimist seine Zeit mit dem Neid auf den Erfolg anderer verbringt. Sie übernehmen Verantwortung für sich und andere, während der Pessimist nur Schuldige sucht. Suchen Sie Ihre Potenziale und beachten Sie nicht die Schwächen anderer Mitmenschen. Lernen Sie aus Fehlern und sammeln Sie entsprechende Erfahrungen, während der Pessimist Fehler anderer Menschen absolut nicht vergessen oder tolerieren kann. Es ist allerdings zu berücksichtigen, dass erstaunlicherweise auch Pessimisten Fehler machen. Denken Sie niemals den für manche Menschen logischen Gedanken: Was schiefgehen kann, wird selbstverständlich auch schiefgehen. Diese Schlussfolgerung ist nicht logisch, sondern außerordentlich schädigend.

Wie lange dauert es, bis sich die Wünsche erfüllen

Einen detaillierten Plan liefert Ihnen das Universum nicht. Der Wunsch kann unverzüglich in Erfüllung gehen oder erst nach Monaten oder gar Jahren. Zweifeln Sie an die Erfüllung Ihrer Wünsche, zögert sich die Erfüllung noch weiter hinaus. Geduld ist angesagt, denn das Universum sucht den richtigen Zeitpunkt aus, nicht Sie. Es ist ja häufig so, dass die Menschen nicht nur einen Wunsch, sondern mehrere haben. Für das Gesetz der Anziehung ist jedoch stets nur ein Wunsch nachvollziehbar. Äußern Sie einen Wunsch und warten auf die Erfüllung, bevor ein weiterer Wunsch Ihre Gedanken beansprucht.

Übernehmen Sie Eigenverantwortung

Es gibt Leute, die grundsätzlich die Schuld bei anderen suchen; wenn etwas schiefgegangen ist, übernehmen viele Menschen die Opferrolle. Ihre Lebensumstände wurden jedoch von Ihnen selbst geschaffen, die Sie allerdings auch jederzeit ändern können. Lernen Sie, das Gesetz der Anziehung für sich positiv arbeiten zu lassen. Steuern Sie Ihre Gedanken und Gefühle auf bejahender Basis. Lernen Sie den richtigen Umgang mit Ihren Gedanken, erkennen Sie Zeichen des Universums, die zu Ihren Gunsten sind. Akzeptieren Sie den neuen Job, profitieren Sie von Ihren Fähigkeiten. Hinderliche negative Glaubenssätze verwandeln Sie in optimistische Überzeugungen.

Positive und negative Gefühle – was bedeuten sie

Freude ist positiv, auch für Menschen in Ihrer Umgebung sorgt Ihre Freude für zustimmende Gedanken. Die gute Laune stellt sich von selbst ein, schwierige Aufgaben werden leicht und beschwingt erledigt. Die Liebe ist fraglos ein intensives positives Gefühl. Der Mensch ist einfühlsamer und verständnisvoller. Unstimmigkeiten sind nicht relevant, sondern schnell vergessen. Die Hoffnung ist ein umfassendes Gefühl, welches sich auf das Gute bezieht. Dankbarkeit und Geborgenheit gehören ebenfalls zu dieser Kategorie. Das typische negative leider allzu häufig auftretende Gefühl ist Unzufriedenheit. Mit der Einsamkeit wird jeder Pessimist leben müssen; es ist sinnvoll, sich um soziale Kontakte zu kümmern und keine negativen Gedanken zu erlauben. Angst- und Schuldgefühle sind ebenso Begleiter der Pessimisten, die jede Situation extrem verschlimmern.

Gedanken und Gefühle kontrollieren

Angenehme Gefühle sind selbstverständlich leicht zu handhaben. Unangenehme Gefühle hingegen werden häufig unterdrückt, allerdings kehren diese Gefühle wie ein Bumerang zurück. Einige Leute haben Strategien entwickelt, um diesen Gefühlen keine Herrschaft über ihre Gedankenwelt zu verleihen. Ablenkung ist zwar optimal, aber keine große Hilfe. Sollte das Vergessen dieser Gefühle mithilfe von Alkohol, Drogen oder Medikamenten durchgeführt werden, ist das denkbar schlecht und nicht tolerierbar. Stellen Sie sich Ihren Gefühlen, analysieren Sie diese und ändern Sie Ihre Denkweisen.

Vielen Menschen geht es so

Nichts gelingt, alles geht schief. Außerdem überschatten massive Geldsorgen Ihr Privatleben. Der perfekte geeignete Partner ist Ihnen noch nicht begegnet. Sie können Ihr Leben nicht von heute auf morgen ändern, Sie haben jedoch Alternativen, Ihr Leben anders zu gestalten, wenigstens in bestimmten Bereichen. Arbeiten Sie an sich selbst, denken Sie positiv, auch wenn das in Ihrer Situation nicht so ganz einfach ist. Begeben Sie sich nicht in eine Opferrolle, denn Sie sind kein Opfer, nur unglückliche Zustände sind für Ihre derzeitige Lebenslage verantwortlich. Befassen Sie sich mit den negativen Seiten und konzentrieren Sie sich danach komplett auf positive Ereignisse mit Ihren Gedanken.

Zwei wichtige Kriterien im Gesetz der Anziehung

Liebe ist für die positive Seite maßgebend. Dieses Leitgefühl ist komplett positiv. Das andere Leitgefühl ist Angst, welches stark zur negativen Seite tendiert. Angst unterdrückt Bedürfnisse und häufig auch die Bedürfnisse der Mitmenschen.

Funktioniert das Gesetz der Anwendung immer?

Es funktioniert immer, nur ob es stets zu Ihren Gunsten funktioniert, ist eine andere Sache. Es liegt daran, dass Sie eventuell Affirmationen stets wiederholen, jedoch innerlich nicht mit Ihren Wünschen oder Affirmationen übereinstimmen. Ihr Unterbewusstsein achtet selbstverständlich auch darauf, ob Sie tatsächlich von dem, was Sie sagen, überzeugt sind. Wollen Sie wirklich reich werden und so viel Geld haben, oder will das eher Ihr Partner, und Sie übernehmen den Wunsch, ohne nachzudenken, denn Sie sind mit Ihrer

Lebenssituation eigentlich durchaus zufrieden.

Wünsche werden erfüllt, aber führen nicht zur Zufriedenheit

Sie bekommen zwar mehr Geld, sind glücklich und zufrieden, aber irgendwie rann das Geld wie ein Fluss zwischen Ihren Fingern weg. Schauen Sie sich beispielsweise Lotto-Gewinner an, die ihren exorbitanten Gewinn nicht richtig nutzten. Nach kurzer Zeit ist der riesige Lottogewinn verschwunden. Sie wünschen sich einen Hund oder ein Pferd, bedenken aber nicht, dass ein Haustier für Arbeit sorgt und Verantwortung verlangt. Der Wunsch wurde zwar erfüllt, aber Sie sind jetzt in der Zwickmühle, denn Sie können mit dem Tier nichts mehr anfangen. Ratgeber weisen immer wieder darauf hin, dass die Wünsche gezielt und durchdacht sein müssen, Sie müssen hundertprozentig überzeugt sein, Sie, nicht Ihre Familienangehörigen oder Ihr Partner. Sie wünschen es sich und Sie müssen die Konsequenzen akzeptieren. Sie haben das Eigenheim bauen können, Sie sind freudevoll in Ihr Haus eingezogen. Allerdings liegt Ihnen gleichzeitig ein attraktives Jobangebot vor, leider viel zu weit weg, andererseits sind Sie gerade eingezogen. Sie sehen also, dass nicht jeder erfüllte Wunsch unbedingt effektiv ist. Sie hätten lieber das Eigenheim einige Jahre später gehabt, nun müssen Sie eine Wochenendehe führen oder wieder umziehen, der dazugehörige Stress steht auf einem anderen Blatt Papier. Umsichtig mit den Wünschen zu sein, diese sorgfältig zu überdenken und alle Eventualitäten abzuwägen, ist Voraussetzung, um das Gesetz effektiv nutzen zu können.

Eckpunkte des Gesetzes der Anziehung

Beobachten und überzeugen Sie sich, was Sie schon bekommen haben, was überwiegt in Ihrem Leben, Positives oder Negatives. Sie senden stets Schwingungen aus, ob gute oder schlechte, hängt allein von Ihnen ab. Das Gesetz reagiert auf die Schwingungen. Haben Sie festgestellt, dass Ihnen manchmal etwas Gutes unerwartet widerfährt, womit Sie überhaupt nicht rechneten. Beispielsweise ist ein vollkommen überraschender Telefonanruf ist für Sie positiv. Diese kleinen angenehmen Geschehnisse sind der Beweis, dass das Gesetz der Anziehung stets aktiv ist und Leistungen vollbringt. Das Gesetz ist nichts Magisches, sondern es handelt sich zweifelsfrei um ein Naturgesetz.

Die positive Einstellung führt zum Erfolg

Sie müssen denken, was Sie möchten und das dann in Worte kleiden mithilfe der Affirmation. Überprüfen und verstehen Sie, ob Sie etwas ändern. Wenn Sie erfolgreich sein wollen und Wünsche äußern, müssen Sie sich gleichzeitig anstrengen und mithelfen, um Ihr Ziel erreichen zu können. Das

Gesetz des Handelns kommt sozusagen zur Anwendung. Alle Gedanken und Gefühle verändern ständig Ihre Gedankenwelt, entsprechende Schwingungen werden erzeugt. Ihre darauf zurückzuführenden Handlungen beziehen sich ebenso auf Ihr Unterbewusstsein.

Bewusste und unbewusste Gedanken

Wie bereits erwähnt, produziert jeder Mensch täglich Tausende Gedanken, häufig unbewusst. Dem Universum ist es jedoch egal, ob Sie bewusst oder unbewusst denken, die fertigen Gedanken sind relevant. Die Gefühle entstehen aus Ihren bewussten Gedanken. Es ist wichtig, dass jeder Mensch darauf achtet, was er spricht und welche Gedanken er hegt. Es ist nützlich, wie bereits erläutert, die Gedanken zu kontrollieren und auf bestimmte Regeln zu achten. Das Gesetz der Anwendung kennt keine verneinenden Sätze, sodass Sie quasi Ihre Gedanken umformulieren müssen. Das ist überaus wichtig, denn leicht kann aus einem Satz wie beispielsweise „ich will nicht wieder rauchen", der Satz umgekehrt zur Anwendung kommen, und zwar als „ich will wieder rauchen".

Viele Leute vergessen es immer wieder, das Gesetz der Anwendung akzeptiert keinen Satz mit „nicht“, sondern versteht prompt das Gegenteil.

Zehn einfache Praxisübungen

Die Übungen beinhalten drei Hauptkategorien, Erfolg, Freude und das Selbstbewusstsein, an dem Sie stets arbeiten müssen.

1. Der Erfolg ist Bestandteil Ihres Lebens, es ist alles gut und bleibt auch so. Ihr Selbstbewusstsein ist darauf eingestellt: egal, was passiert, Sie fühlen sich frei und sicher.

2. Ihre Fähigkeiten und Talente sind gefragt. Sie sind begeistert vom Leben und strotzen vor Energie. Im Unterbewusstsein herrscht das Gefühl: Sie sind so, wie Sie sind, und das ist gut. Wem es nicht zusagt, der ist für Sie nicht relevant.

3. Positives steht Ihnen wie jedem anderen Menschen auch zu. Das Gesetz der Anziehung beeinflusst Ihr Leben positiv. Sie achten auf Ihre Gedanken und denken grundsätzlich bejahend.

4. Sie akzeptieren sich, Ihre Entscheidungen sind für Sie und Ihre Umgebung richtig. Sie achten darüber hinaus auf Ihre Gesundheit und sind zufrieden mit Ihrer jetzigen Lebenssituation. Andernfalls ändern Sie Ihre derzeitige Konstellation.

5. Sie sind erfolgreich. Sie sorgen für Harmonie und Frieden in Ihrer Umgebung. Sie freuen sich und Ihr Unterbewusstsein übernimmt diese Freude.
6. Dankbar sein für alles, nichts ist selbstverständlich.

7. Folgen Sie Ihrem „Bauchgefühl". Die Intuition ist oft richtig und hat schon vielen Leuten vor falschen Entscheidungen bewahrt, wenn sie denn auf Ihr Bauchgefühl gehört haben.

8. Die Vorstellungskraft Ihrer Wünsche ist ein weiterer Schritt zur Erfüllung.

9. Akzeptieren Sie Misserfolge, lernen Sie aus Ihren Fehlern und machen Sie weiter mit positiven Gedanken.

10. Lassen Sie sich nicht von Ihren Ängsten, Problemen und Sorgen unterkriegen. Entfernen Sie alles Negative aus Ihrer Gedankenwelt.

Rechtliches und Impressum

© / Copyright: 2020

Alle Rechte vorbehalten

Abhängig vom eingesetzten Lesegerät kann es zu unterschiedlichen Darstellungen des vom Autor freigegebenen Textes kommen.

Das E-Book ist urheberrechtlich geschützt.

Das Werk, einschließlich seiner Teile, ist urheberrechtlich geschützt. Jede Verwertung ist ohne Zustimmung des Autors unzulässig. Dies gilt insbesondere für die elektronische oder sonstige Vervielfältigung, Übersetzung, Verbreitung, öffentliche Zugänglichmachung, unerlaubtes Kopieren oder Übernehmen von Inhalten wird ohne Vorwarnung zur Anzeige gebracht und mit rechtlichen Mitteln unterbunden.

Haftungsausschluss

Der Inhalt dieses E-Books wurde mit großer Sorgfalt geprüft und erstellt. Für die Vollständigkeit, Richtigkeit und Aktualität der Inhalte kann jedoch keine Garantie oder Gewähr übernommen werden. Der Inhalt dieses E-Books repräsentiert die persönliche Erfahrung und Meinung des Autors und dient nur dem Unterhaltungszweck. Der Inhalt sollte nicht mit medizinischer Hilfe verwechselt werden. Es wird keine juristische Verantwortung oder Haftung für Schäden übernommen, die durch kontraproduktive Ausübung oder durch Fehler des Lesers entstehen. Es kann auch keine Garantie für Erfolg übernommen werden. Der Autor übernimmt daher keine Verantwortung für das Nicht-Erreichen der im Buch beschriebenen Ziele.

Impressum:

© Mind Experts
1. Auflage 2020
Alle Rechte vorbehalten.
Nachdruck, auch auszugsweise, verboten.
Kein Teil dieses Werkes darf ohne schriftlich Genehmigung des Autors in irgendeiner Form reproduziert, vervielfältigt oder verbreitet werden.
Kontakt: Mark Walker / Waldstrasse, 8 / 76133, Karlsruhe

Printed in Poland
by Amazon Fulfillment
Poland Sp. z o.o., Wrocław

58085576R00049